Unvergessliche Erinnerungen

Ophelias Familienalbum

Unvergessliche Erinnerungen

MICHELE DURKSON CLISE

DUMONT BUCHVERLAG KÖLN

© 1993 by Michele Durkson Clise
© 1993 für die Fotos: Marsha Burns
© für die Gestaltung: Marquand Books, Inc., Seattle
© 1994 der deutschen Ausgabe: DuMont Buchverlag, Köln
Jegliche Verwertung des Buches oder einzelner Teile,
einschließlich fotomechanischer Vervielfältigung, bedarf der
schriftlichen Genehmigung des Verlages.
Die Originalausgabe erschien unter dem Titel
Ophelia's Book of Days bei Little, Brown and Company,
Inc., Boston
Satz: Fotosatz Harten, Köln
Printed in Hong Kong

ISBN 3-7701-3372-2

Ricky und Zenobia

Ophelia B. Clise

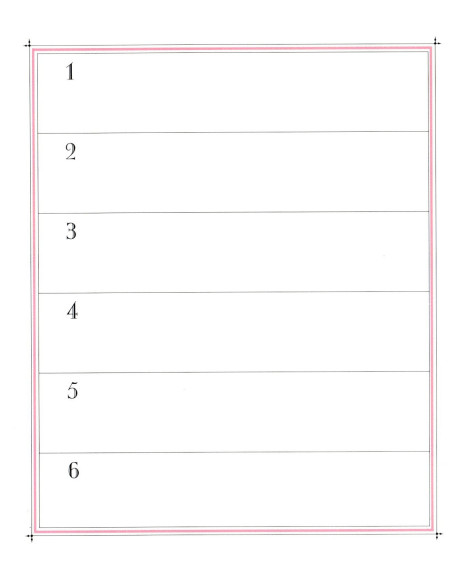

JANUAR

7	
8	
9	
10	
11	
12	

JANUAR

Ophelia und Mr. Ritz

13	
14	
15	
16	
17	
18	

JANUAR

Ricky Jaune und Ratty

19	
20	
21	
22	
23	
24	

JANUAR

Conrad

25
26
27
28
29
30
31

JANUAR

Penelope und Ricky

Clarence

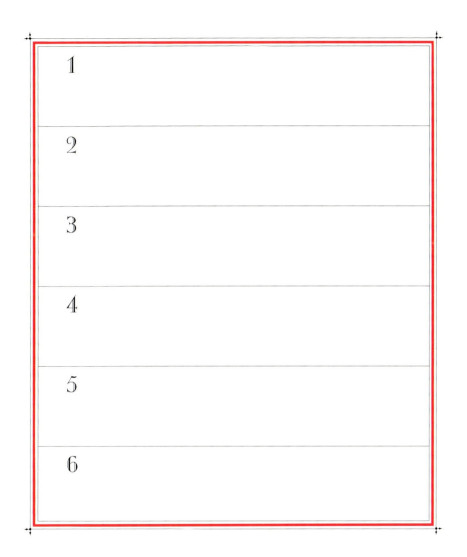

FEBRUAR

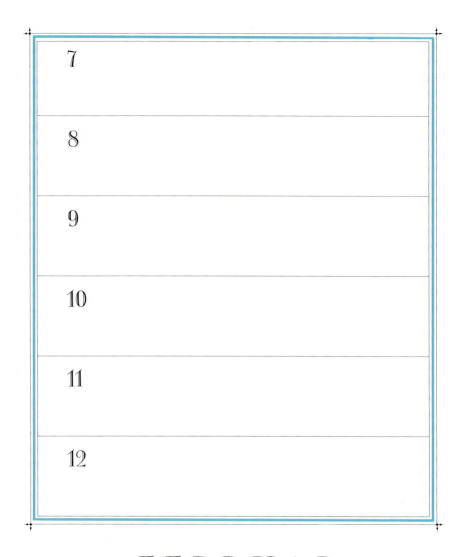

FEBRUAR

Zenobia

13

14

15

16

17

18

FEBRUAR

Schnuffy

Clarence, Ophelia und Mr. Ritz

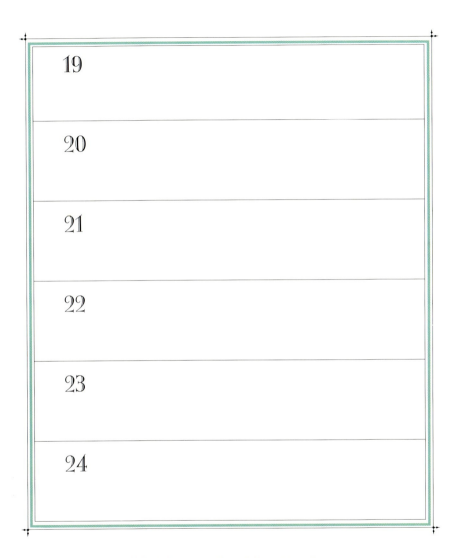

FEBRUAR

Dr. Ernest Churchill

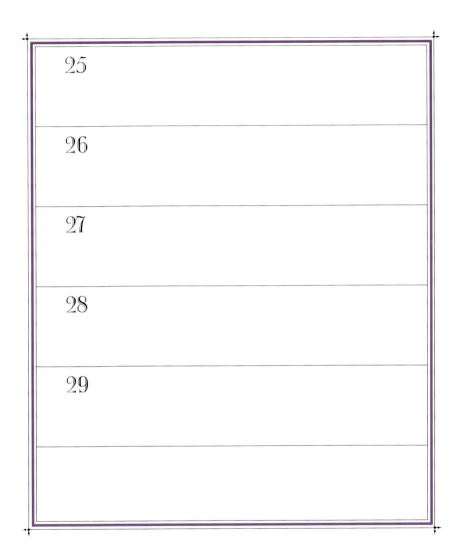

FEBRUAR

25

26

27

28

29

1

2

3

4

5

6

MÄRZ

Ricky mit Mr. Ritz und Huckey

Im Wintergarten

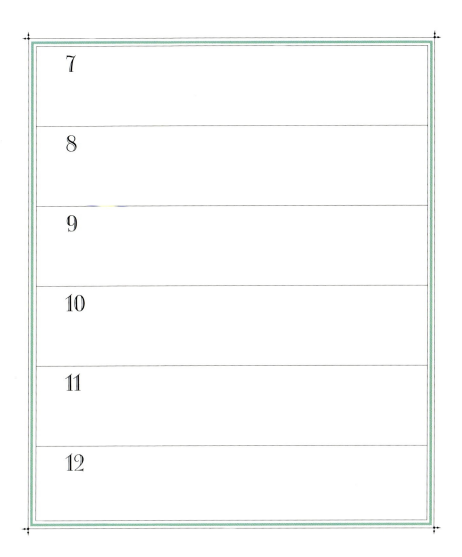

MÄRZ

Ophelia bittet zum Tee

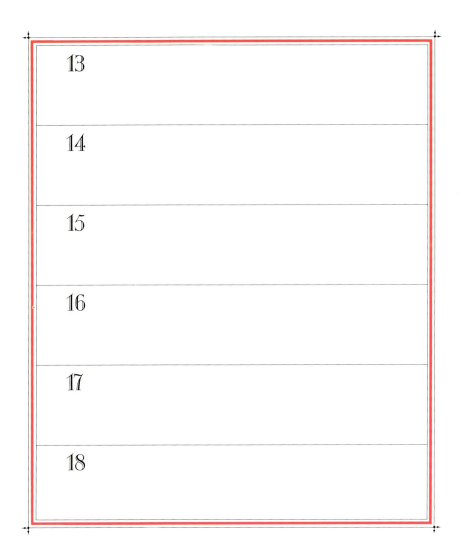

MÄRZ

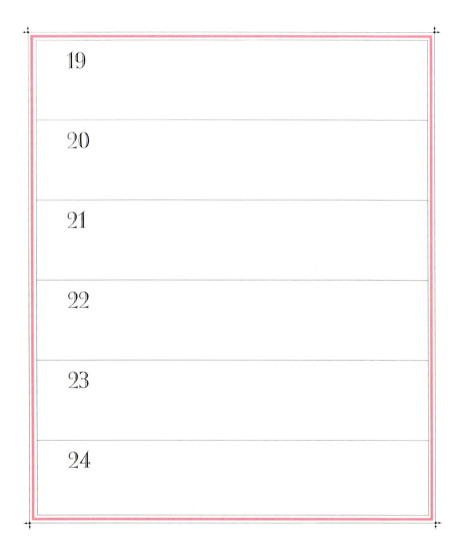

MÄRZ

Ophelia

Clarence und seine Freunde

25	
26	
27	
28	
29	
30	
31	

MÄRZ

Fertig zum Ausgehen

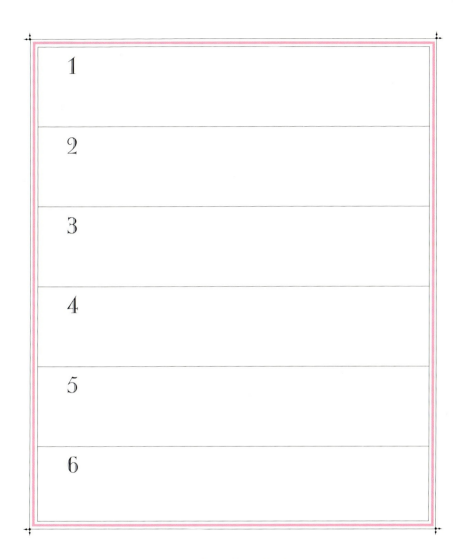

APRIL

Tante Vita

Ophelia und ihre Freunde

Bertie

APRIL

- 25
- 26
- 27
- 28
- 29
- 30

Poli und Tante Vita mit ihrem kleinen Hund

1

2

3

4

5

6

MAI

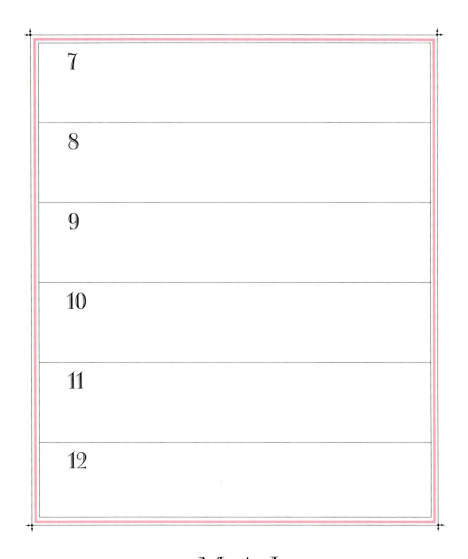

| 7 |
| 8 |
| 9 |
| 10 |
| 11 |
| 12 |

MAI

Zenobia

Randolph Fielding

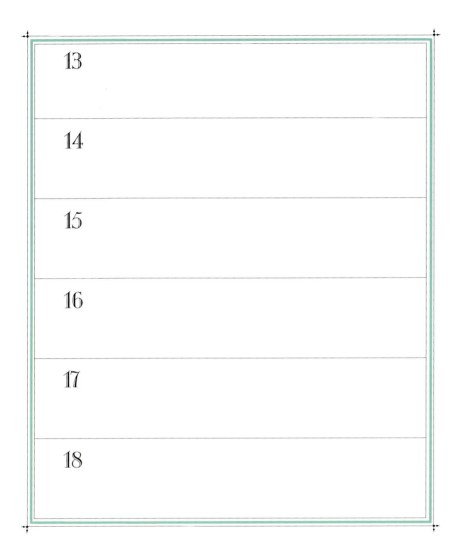

MAI

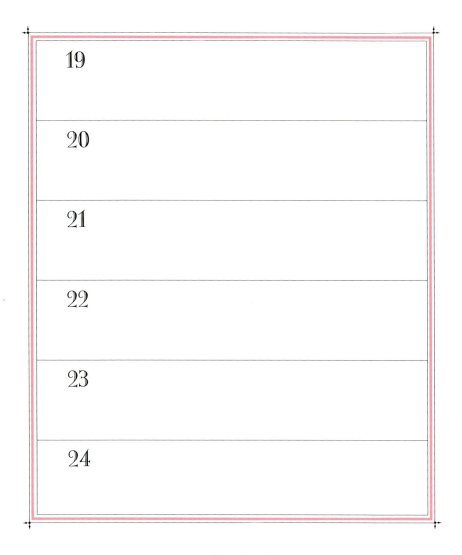

MAI

Ophelia, Tante Vita und Dr. Churchill

Ophelia, Mr. Ritz und Yukiko

25	
26	
27	
28	
29	
30	
31	

MAI

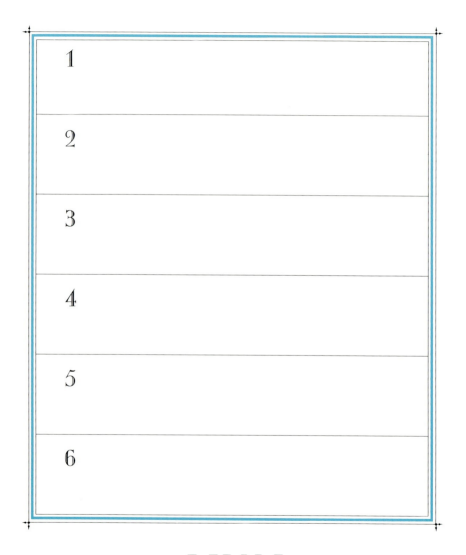

JUNI

Golda und Mosche

Schlafenszeit für kleine Bären

19

20

21

22

23

24

JUNI

JUNI

Eine Fahrt ins Blaue

Ricky Jaune

1

2

3

4

5

6

JULI

7
8
9
10
11
12

JULI

Hoch soll er leben!

13	
14	
15	
16	
17	
18	

JULI

Hoppe, hoppe Reiter...

19	
20	
21	
22	
23	
24	

JULI

Ophelia

Ophelia, Penelope und Zenobia

25

26

27

28

29

30

31

JULI

Eine Seefahrt, die ist lustig...

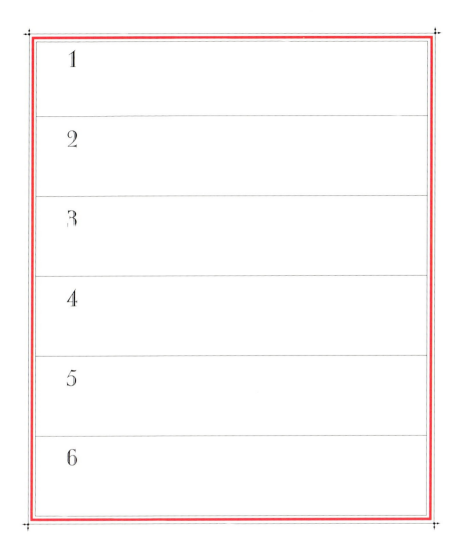

AUGUST

Picknick im Grunen

Ricky

Papillon und Tante Vita mit Mr. Ritz

19

20

21

22

23

24

AUGUST

Tante Vita muß das Bett hüten

25	
26	
27	
28	
29	
30	
31	

AUGUST

1

2

3

4

5

6

SEPTEMBER

Sophie und Nou Nou mit Mr. Ritz

7	
8	
9	
10	
11	
12	

SEPTEMBER

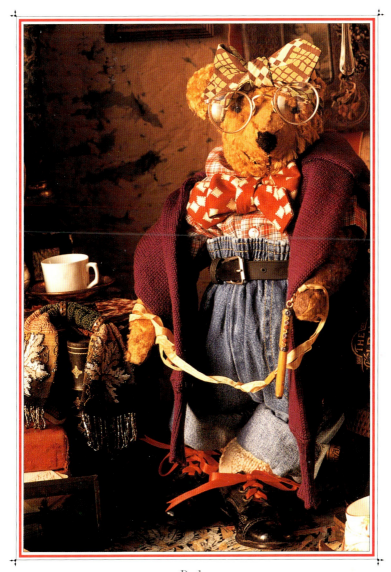

Binkey

Zenobia, Nou Nou und Pandy

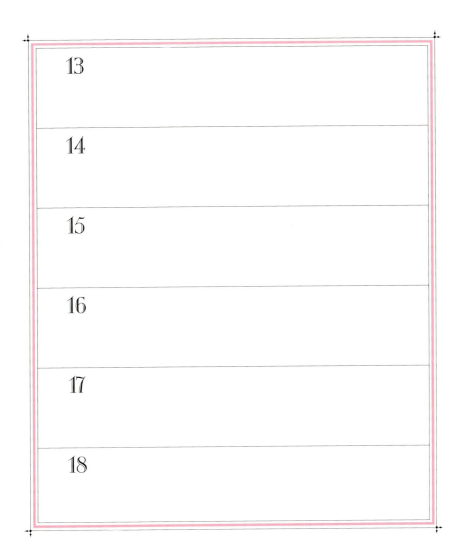

SEPTEMBER

SEPTEMBER

Besuch im Teehaus

Ophelia und Papillon

25	
26	
27	
28	
29	
30	

SEPTEMBER

Zotty

1

2

3

4

5

6

OKTOBER

Happy Birthday!

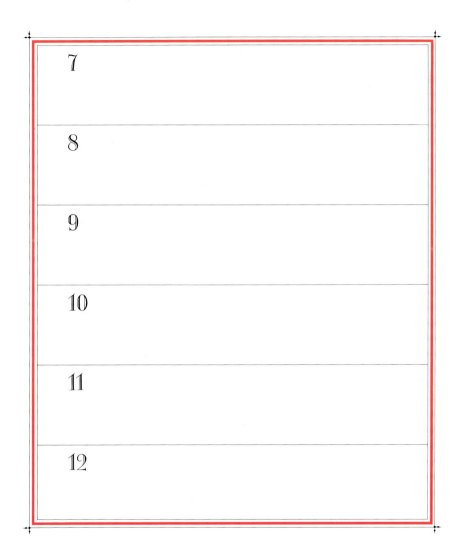

OKTOBER

Clarence

13	
14	
15	
16	
17	
18	

OKTOBER

Nou Nou, Ophelia und Sophie mit ihren Teddys

OKTOBER

25

26

27

28

29

30

31

OKTOBER

Brady Bruchpilot

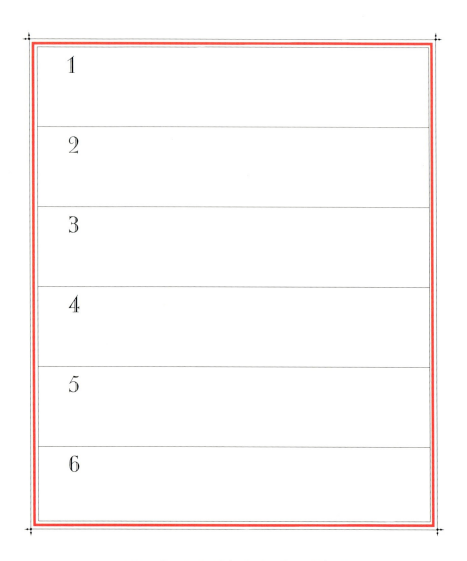

NOVEMBER

Wo sind die Gluckskekse?

7	
8	
9	
10	
11	
12	

NOVEMBER

Ricky, Penelope, Zenobia und Tante Vita

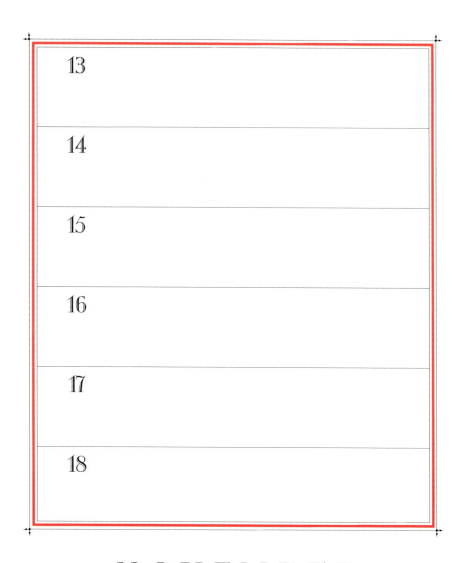

NOVEMBER

Kaffeeklatsch

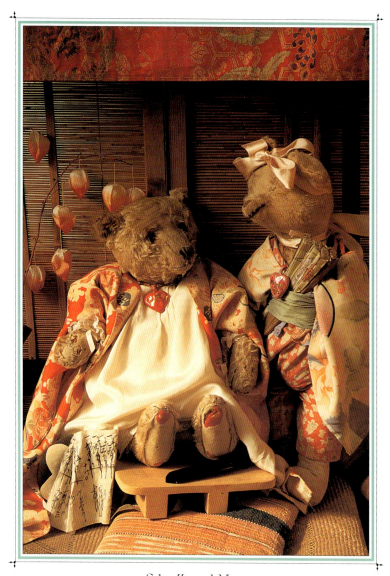

Schnuffy und Mona

Ophelia

Anemone und Albert mit ihren Kindern

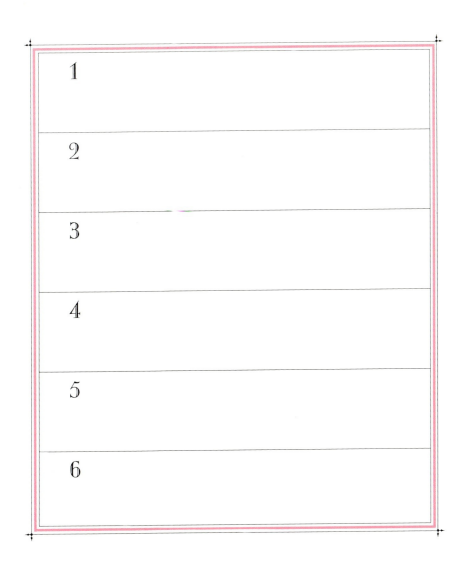

DEZEMBER

Schnuffy im Bett

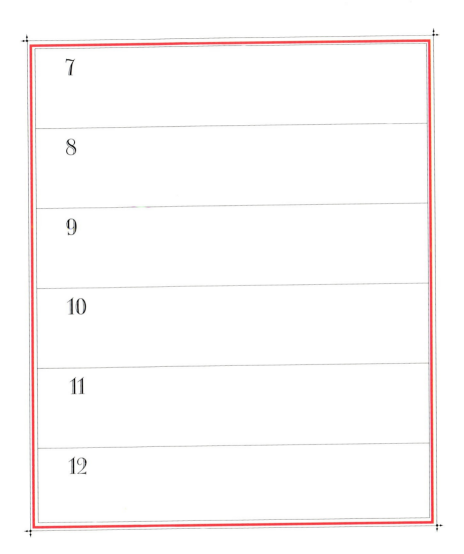

DEZEMBER

Ophelia und Sophie mit Mr. Ritz

Mosche und Golda

Rosario B. Clise

25	
26	
27	
28	
29	
30	
31	

DEZEMBER